Género Fantasía

I0800089

¿? **Pregunta esencial**

¿Cómo se ayudan los amigos?

La carrera del año

Miguel Ísola
ilustrado por Marcela Cabrera

Capítulo 1
Una idea de la marmota

"Tantos años de estudiar para nada", pensó la marmota Marta, "soy médica y no puedo curar a nadie porque no hay hospital en la aldea".

En ese momento llegó el oso Mieloso.

—¿Qué sucede, amiga? —dijo—. ¿Por qué tienes cara triste?

—Oh, tanto estudiar medicina para nada. No he curado a nadie nunca. Tendríamos que tener un hospital en la aldea —agregó—. De ese modo vendrían enfermos de toda la región a curarse conmigo.

—Es una buena idea, amiga. Pero ¿cómo podríamos construir un hospital en nuestra pequeña aldea? Somos muy pocos. Es imposible.

—Creo que tengo una idea —dijo la marmota—. Haremos un festival. Los participantes traerán cosas necesarias para la construcción. Maderas, piedras, alambres y todo lo que sea necesario. Así conseguiremos construir el hospital. ¿Qué te parece, Mieloso?

—Brillante —dijo el oso Mieloso—. Habrá competencias divertidas para todos los animales del bosque.

Detective del lenguaje	La oración subrayada en esta página, ¿es enunciativa o interrogativa? ¿Cómo lo sabes?

Capítulo 2
Las ideas del oso y el puma

En ese momento se escuchó un rugido en un arbusto y apareció Pluma, el puma.

—Hola, amigos, qué sorpresa verlos aquí.

—Hola, Pluma —dijo Marta—. ¿Cómo estás, amigo?

—Yo muy bien. ¿Y ustedes? ¿De qué hablaban tan entusiasmados?

—Marta quiere construir un hospital —dijo Mieloso—. Así podrá curar a muchos enfermos. Haremos un festival para conseguir los materiales. Habrá competencias.

—¡Qué divertido! ¿Y qué competencias habrá? —preguntó el puma Pluma.

Marta y Mieloso se miraron.

—¡Qué buena pregunta! —exclamó Marta—. ¡Todavía no lo sabemos!

—Podría ser un concurso para ver quién encuentra más miel —dijo Mieloso.

—Mmm, no sé —dijo Marta—, en esa competencia tú ganarías fácilmente, eres experto en miel.

—Yo tengo una idea mejor —dijo Pluma—. Haremos una carrera de salto y velocidad. ¡Esas carreras son emocionantes!

—Mmm, no sé —dijo Marta—, para ti sería demasiado fácil, Pluma. Eres muy liviano y veloz.

Pero a Marta, la marmota, no se le ocurría nada más. Tenía que elegir entre esas dos ideas, pero no quería herir a ninguno de sus amigos. Finalmente, decidió que haría las dos competencias.

Los tres amigos recorrieron el bosque invitando a todos para el festival y las competencias. Decían a coro:

—Oigan, animales, dejen de acurrucarse en sus cuevas, es hora de despabilarse.

—Liebres, zorros y avestruces vengan, llegó el tiempo de que se entretengan.

—No nos fallen monos, cocodrilos y serpientes, su ausencia siempre se siente.

—Te esperamos, castor solitario,
sé solidario.

—Acérquense, peces del río, aprovechen que no hace frío.

—Adornen nuestro festival,
hermosas mariposas.

—Y el que pueda contribuir, que traiga algo para construir.

Capítulo 3
El festival

Al día siguiente, el claro del bosque estaba lleno de animales. Y cada uno había traído algo para el hospital. Marta estaba feliz.

Cuando los participantes terminaron de acomodarse, dieron comienzo a la primera competencia. Salieron todos a buscar miel.

Mieloso encontró un panal de abejas antes que nadie, como era de esperar.

—Permiso, amigas abejas —dijo—, me serviré un poco de miel.

—Sírvete —dijeron ellas.

"Tengo la victoria asegurada", pensó Mieloso. Pero de tanta emoción se descuidó y sin querer le aplastó el ala a una abeja.

—¡Ay, me picaste! —gritó Mieloso.

—¡Tú me estabas aplastando! —respondió la abeja.

De pronto, Mieloso se sintió mareado. Pidió ayuda y todos los animales vinieron a socorrerlo. Al verlo tan mareado, hicieron una camilla con ramas y lo llevaron hasta donde estaba la marmota Marta.

—Yo te curaré —dijo Marta.

—¡Ay, me duele! —gimió Mieloso.

—Tranquilo, te haré un potaje de hierbas que te aliviará —le explicó la marmota.

—¡Ay! —se quejó Mieloso.

Dieron por terminada la competencia de buscar miel y se prepararon para la carrera. Ahora era Pluma el que estaba entusiasmado.

—Luz, cámara, acción —dijo Marta—. Oh, no, perdón.

Todos se rieron.

—Ahora sí, ahí va: En sus marcas, listos… ¡ya!

Y largaron. Al principio, el avestruz y las liebres iban más rápido que Pluma. Pero cuando llegaron al primer obstáculo, él trepó con habilidad y las dejó atrás.

Tan entusiasmado estaba, que se descuidó, y la melena se le enredó en una rama y la pata se le atascó en una raíz.

—¡Ay! —gritó—, me parece que me quebré la pata.

Entonces llegaron los otros animales.

—Espera, te llevaremos con la marmota —dijeron.

—¡Ay! —dijo Pluma.

Lo llevaron a donde estaba Marta y lo pusieron junto a Mieloso. Marta lo curó y le puso un yeso en la pata rota.

—La competencia ha terminado —dijo—. No hay ganadores.

Capítulo 4
Otra idea de la marmota

Marta acomodó a los enfermos cerca del río. Preparó para ellos ricos jugos de frutas nutritivas.

—Lamento que la abeja te haya picado, Mieloso —dijo Pluma.

—Y yo que te hayas quebrado la pata, Pluma —dijo Mieloso.

—Ambos habrían ganado si no se hubieran accidentado —participó la marmota.

—Es cierto —dijeron a la vez—. Pero no era justo, porque teníamos mucha ventaja —agregaron al mismo tiempo.

—Por eso he pensado en otra competencia —dijo la marmota Marta.

—¿En cuál? —preguntaron curiosos.

—Haremos un concurso de cocina, ¿qué les parece?

—¡Genial! —exclamó Pluma.

—¡Perfecto! —participó Mieloso.

—¡Así no habrá ventajas para nadie! —dijeron juntos.

Detective del lenguaje	Algunas oraciones terminan con punto (.). ¿Puedes hallar otro signo de puntuación en esta página?

—Exactamente —respondió Marta—. Será una competencia justa, pareja y amistosa. ¡Y por eso más divertida! Claro que para eso debemos esperar a que los dos se curen. Dependemos de que los expertos en miel y en carreras se sanen de sus heridas —rio.

—¡Al menos ya has podido curar a alguien! —dijeron ellos y rieron todos juntos.

Respuesta a la lectura

Resumir

Usa detalles importantes como ayuda para resumir *La carrera del año.*

Detalle	Detalle	Detalle

Evidencia en el texto

1. ¿Cómo sabes que *La carrera del año* es una fantasía? **Género**
2. ¿Qué elementos necesita reunir la marmota y para qué? **Detalles clave**
3. Separa la raíz y la terminación para definir *invitando* en la página 7. **Terminaciones de palabras**
4. ¿Qué momento del cuento te gustó más? ¿Por qué? **Escribir sobre la lectura**

Género Poesía

Compara los textos

Lee acerca de qué hacen los amigos.

¿Qué hacen los amigos?

Virginia Segret Mouro

Hace frío y las amigas
se acompañan de paseo.
Clara lleva su perrita;
Rosa se puso un sombrero.

Illustration: Jeremy Tugeau

Calentitas en la casa,

se ayudan con la tarea.

Rosa explica matemáticas.

Clara estudia muy atenta.

Ya hicieron los ejercicios.

Ahora están en el jardín.

Juntan hojas con Rogelio.

¡Esto es tarea sin fin!

Haz conexiones

¿Cómo se ayudan Clara y Rosa?

Pregunta esencial

¿En qué se parecen los personajes de *¿Qué hacen los amigos?* y *La carrera del año*?

El texto y otros textos

Enfoque: Género

Fantasía Un cuento de fantasía tiene personajes, ambientes o sucesos que no pueden existir en el mundo real. También tiene dibujos que muestran esos personajes.

Lee y descubre Los animales en *La carrera del año* parecen animales reales, pero pueden hablar y estudian en la universidad. Los animales del mundo real no pueden hacer esas cosas.

Tu turno

Crea un cuento de fantasía. Piensa en personajes que no puedan existir en el mundo real. Luego, haz que enfrenten desafíos. Tu cuento tendrá un principio, un desarrollo y un final. Dibuja a tus personajes.